AF310760

LA CONSÉCRATION

AU

SACRÉ-CŒUR DE MARIE

L'IMMACULÉE-CONCEPTION, MÈRE DES DOULEURS

Conformément à celle du 10 Février 1790
à Paris

LYON
CHEZ M. A. GAY
5, RUE FERRANDIÈRE, 5

1884

Imp. WALTENER ET Cⁱᵉ, rue Belle-Cordière, 14. — Lyon.

CHAPITRE PREMIER

---

§ I. — Conformément aux décrets éternels de Dieu, Celui qui par l'élection divine doit être le grand Monarque, s'est résolu à placer dans les armes de la Maison de France le symbole du Sacré Cœur parmi les fleurs de lys.

Le premier parmi les attributs infinis de Dieu, nous dit le grand théologien Viva, c'est celui de sa suprême et absolue souveraineté. Créateur des êtres doués d'intelligence, il les a constitués dans le droit de la liberté, condition essentielle de leur nature ; mais que ces créatures fassent le bien, ou qu'elles se plaisent à vouloir le mal, elles ne peuvent jamais cesser, dans aucun cas possible, de servir les plans de la sagesse éternelle. Et c'est là la souveraineté de Celui qui se nomme l'Être des êtres, la cause de toutes les causes, et le premier principe de toute vie, comme de toute action ou opération.

Cette sublime notion de Dieu nous apprend que les décrets éternels du Tout-Puissant sont toujours accomplis, malgré tout obstacle ou opposition, soit par des purs, soit par des méchants, et nonobstant toute entrave, au jour qui a été fixe par la volonté de Celui à qui tout rend obéissance, aussi bien ici-bas, comme en haut dans le Ciel des cieux. Aussi, conformément au décret qui avait été porté, Celui dont le ciel a fait choix pour être le grand Monarque, a placé, selon la volonté divine, le symbole sacré du Cœur de Jésus sur les armes de la Maison royale, parmi les fleurs de lys, qui sont le signe le plus profond des mystères de Dieu.

Ce que la royauté en France avait refusé de faire, sous Louis XIV, a été enfin accompli, par un élu descendant de cette illustre race, qui avait su apprendre, dans l'exil, l'abandon et la souffrance, qu'il faut toujours se soumettre à la volonté de Celui par qui règnent les rois. Mais ce n'est pas assez d'obéir aux ordres divinement manifestés par les organes saints choisis par le ciel, il faut aussi recevoir les lumières d'en haut et avoir l'intelligence des desseins de Dieu. Notre but est de soulever ici le voile de ces mystères, car c'est là où se trouve le salut de la France et la raison des bénédictions qui vont descendre des collines éternelles, en ces temps du règne de Dieu, dont l'ère va s'ouvrir, pour le bien de toutes les nations de la terre.

§ II. — L'acceptation du symbole du Sacré Cœur au milieu des lys devait être suivie, selon la loi logique, de la consécration au divin Cœur de Jésus, par l'Elu pour être le grand Monarque.

Il y a une loi logique, dans tout ce qui est selon la volonté de Dieu, comme il existe un lien de connexité pour ce qui appartient au domaine des choses terrestres. Après avoir accepté que l'image du Sacré Cœur fut dans les armes de la Maison de France et sur les étendards, l'Elu pour être le grand Monarque a du compléter l'œuvre de Dieu par la consécration solennelle de sa personne, de la Famille royale et du royaume, au Cœur Sacré de Jésus. Cette cérémonie a eu lieu le 14 mars 1884, par Mgr le Prince Charles-Louis, et l'Elu du ciel a attiré sur sa tête et sur le nouveau peuple de Dieu toutes les bénédictions promises à la race de Charlemagne et de saint Louis, et surtout les grâces du sang expiatoire des martyrs Louis XVI, Marie-Antoinette, Madame Elisabeth, morts en victimes qui s'étaient offertes à Dieu.

Nous allons citer ici la vision d'un grand Prophète, dont la lumière céleste lui permettait de lire au Livre éternel des saints Décrets de Dieu. Après la mort de Marie-Antoinette sur l'échafaud, l'archange saint Michel conduisit cette Reine au pied du trône de Dieu, pour déposer sur l'autel des martyrs la coupe de son sang. « A la fille du Très Haut, dit le Voyant, fut présentée la martyre séraphique. — Je vous ai appelée, lui dit la « Reine des Saints ; vous avez entendu ma voix ; venez près de

« moi. Régnez encore sur la France, — comme une puissante
« protectrice, — jusqu'au jour où votre fils sera roi — car
« Louis XVII doit régner par l'union et la communication
« de sa sagesse, de ses lumières et de ses dons royaux, en son
« fils, Mgr Charles-Louis, selon le mystère de Dieu.

« La Mère du Sauveur reprit sa place sur les collines sacrées
« dominant l'étoile de France. Depuis ce jour, sous l'azur des
« cieux couvrant le sol français, un radieux séraphin couvre
« de ses rayons notre triste Patrie ; — c'est Marie-Antoinette.
« Il crie depuis ce jour au peuple français : Soyez à Dieu ; aimez
« son Église ; le ciel vous fera paix. Aimez d'amour ! l'œuvre
« de l'amour vous cache votre Roi ».

Aux rayonnantes clartés de cette lumière d'en haut il ne sera
plus difficile de comprendre pourquoi Mgr le Prince Charles-
Louis, à la tête des siens et de ses amis, a accompli, selon la
volonté du divin Maître, la consécration solennelle au Sacré
Cœur de Jésus. Il y a là un mystère profond qu'il nous importe
de pénétrer, et nous le ferons. Honneur et gloire vous soient
donc rendus, ô légions saintes d'élus de tous les siècles et de
toutes les générations, de toute tribu et de toute langue, qui
avez obtenu pour la France et par elle pour tous les peuples
cette grâce dont les cieux eux-mêmes sont dans le ravissement.

§ III. — De l'origine du culte des Sacrés Cœurs de Jésus et de Marie et de l'admirable unité dans laquelle se fondent ces deux Cœurs.

Qui donc parmi les Archanges radieux du Ciel des cieux qui
par le droit de création peuvent assister au grand conseil de
Dieu, saurait être trouvé capable de sonder les abîmes incom-
préhensibles du Cœur divin de Jésus et du Cœur sacré de Marie,
et le mystère de leur union dans toutes leurs opérations, en
faveur des êtres qui doivent être revêtus de notre nature
humaine. Et c'est à nous, faibles mortels, qui vivons dans les
liens de la chair de déchéance, que ce problème s'impose. Oh !
que les grandes ailes de l'Aigle de Pathmos nous soient donc
données, pour pénétrer les mystères de cet amour, dont les
anges de Dieu ont le désir d'avoir la pleine intelligence.

Si nous interrogeons les annales de l'histoire sacrée sur
l'origine du culte qui a été rendu, dans la sainte Église, au
Cœur Sacré de Marie, nous constatons que c'est en 1648 que

le vénérable Père Eudies, de sainte mémoire, établit le culte du Cœur de la céleste Mère de Dieu. Et ce qu'il importe de noter, c'est dans le diocèse d'Autun que la fête du Cœur de Marie fut célébrée la première fois, et dans cette même région, quelques mois auparavant, en juillet 1647, venait au monde celle que le ciel avait choisie pour être l'Apôtre du culte à rendre au Cœur divin de Jésus, notre Bienheureuse Marguerite-Marie Alacoque.

Mais ce qui est digne de toute notre attention, dans l'office en l'honneur du Cœur de Marie, le vénérable serviteur de Dieu s'applique avant tout à mettre en lumière l'admirable unité dans laquelle se fondent le Cœur du Fils et celui de la Mère. Dans l'oraison, où selon la loi liturgique se trouve la pensée précise de toute fête, il est dit : « Accordez-nous, nous vous en supplions, « de célébrer sans cesse la vie très sainte de Jésus et de Marie, « en un seul Cœur, *in corde uno ;* de n'avoir qu'un cœur entre « nous et avec Eux. » Et c'est là l'indivisibilité, dans une parfaite distinction, qui doit être l'objet de notre vénération et de notre culte.

Aussi la voyante de Boulleret, dont nous ferons connaître la haute mission, comme un organe dont Marie, Notre-Dame-des-Douleurs, a daigné faire choix, ne cesse de faire la recommandation de se consacrer à la dévotion en l'honneur du Sacré Cœur de Jésus : mais au nom de notre céleste Mère elle dit aussi qu'il faut associer à ce culte celui du Cœur sacré de Marie, qu'elle nous présente comme transpercé de sept glaives, selon la prophétie du saint vieillard Siméon. Oh ! qu'il nous soit permis de pénétrer le mystère de l'ineffable unité de ces deux Cœurs, en ces temps du règne de Dieu qui va advenir sur cette terre.

§ IV. — La consécration au Cœur divin de Jésus rend nécessaire selon la loi d'indivisibilité des deux Cœurs celle qui doit être faite au Sacré Cœur de Marie.

Le règne du grand Monarque est uni dans les desseins éternels au règne de Dieu, qui a été annoncé par tous les Prophètes, et dont parlent au moins les deux tiers de nos Livres saints. Mais le règne de Dieu ne peut advenir que par le règne de Marie, ainsi que tous les grands saints de nos derniers temps nous l'affirment comme une vérité certaine.

Toute créature qui veut aller au Cœur divin de Jésus doit chercher cette voie royale par le Cœur sacré de Marie. Quiconque veut recevoir les grâces, les dons et les bénédictions dont notre divin Maître est la source par l'amour et les miséricordes de son Cœur, doit se résoudre à les avoir par la dévotion au Cœur admirable de notre céleste Mère. Tel est l'ordre et l'économie de la grâce que Dieu s'est plu à établir dans la suprême souveraineté de son éternelle sagesse.

Si donc Mgr le prince Charles-Louis, élu pour être le grand Monarque, précédant les membres de sa royale Famille et avec un cortège d'amis fidèles, a obéi aux volontés du Ciel, par une consécration solennelle au Cœur divin de Jésus, le 14 mars 1884, il doit aussi, par une obligation dont la mise en pratique ne saurait être déclinée, faire une consécration solennelle au Cœur sacré de Marie, dans les mêmes conditions et au même titre, c'est-à-dire pour se soumettre aux volontés souveraines de Celui par qui seul les rois peuvent régner.

Elu pour être le grand Monarque, par le choix du Ciel, Mgr Charles-Louis est le digne successeur de Henri V (car celui-ci a possédé les droits du trône par les mérites de sa foi et de ses vertus royales), et, comme l'a dit avec tant de vérité l'organe de Marie à Boulleret, il est l'héritier des sentiments de Jésus-Christ. Mais pour porter sur sa cuisse le nom du Verbe de Dieu, comme dit saint Jean, c'est-à-dire pour vivre de la vie de Jésus-Christ, il faut, et c'est là une nécessité absolue, chercher le Cœur divin de Jésus par la voie du Cœur sacré de Marie.

Aussi nous le disons ici au nom du Ciel et dans le Verbe de l'éternelle vérité, il faut que le grand Monarque fasse une consécration solennelle au Cœur de Marie ; et en ceci nous sommes en plein accord avec ce que la céleste Reine des cieux a fait comprendre dans son apparition du 13 mai 1884, à Boulleret. Sous les yeux de Marie qui était encore visible à son regard extatique et sous l'action de la lumière céleste, la Voyante a dit : Il faut faire la consécration au Sacré Cœur de Marie ; et aussitôt joignant à ces paroles l'acte, elle a pris un livre de prières et elle a indiqué aux nombreux témoins de l'apparition un acte de consécration qui a été récité. C'est là ce que nous avions déclaré, à l'avance, comme devant être accompli à l'heure de Dieu par l'Élu pour être le grand Monarque, ainsi que peuvent l'attester au besoin plusieurs témoins dignes de foi et de confiance.

§ V. — L'histoire constate que le 10 février 1790 Louis XVI, Marie-Antoinette et Madame Élisabeth firent une consécration au Cœur immaculé de Marie, à Notre-Dame-de-Paris.

L'Apôtre saint Paul divinement inspiré nous dit : Nous sommes les membres du corps de Jésus-Christ; c'est à ce titre que le divin Maître nous proclama du haut de la croix Fils de Marie. C'est là, ne le mettons jamais en oubli, notre raison suprême, pour voir luire enfin les jours bénis du règne du grand Monarque, en France. Mais si l'illustre descendant des rois ne veut point s'écarter des voies des destinées où le ciel l'appelle, il doit s'appliquer avant tout à accomplir aussi ce qui a été fait par Louis XVI, Marie-Antoinette et Madame Élisabeth, alors que voyant les flots de la révolution prêts à tout submerger, ils s'offrirent en victimes.

L'histoire nous apprend que la prière et le vœu de Louis XVI, au Sacré Cœur de Jésus, ont été écrits au commencement de 1792, et les preuves de ce fait sont nombreuses et décisives. Le vœu de Louis XVI est connu de tous, parce qu'après la Restauration, en 1817, la fille de Louis XVI, madame la duchesse d'Angoulême, fit tous ses efforts pour porter à la connaissance du public cet acte, comme de nombreux monuments de l'art de cette époque nous l'attestent.

Mais il y a un fait qui est non moins certain par l'histoire, quoiqu'il soit moins connu, c'est la consécration au Sacré Cœur de Marie, qui fut faite par Louis XVI, Marie-Antoinette, Madame Élisabeth, et diverses personnes de la cour, au nom de la France, à Notre-Dame-de-Paris, en 1790.

Dans un ouvrage très remarquable par l'élévation de la doctrine et qui a pour titre : *Trente-trois considérations sur le Sacré Cœur*, nous lisons ce qui suit : « Madame Élisabeth, voyant la « tournure que prenaient les affaires, fit un vœu au Cœur imma- « culé de Marie, au commencement de 1790. Elle s'associa dans « cette ardente prière toutes les âmes d'élite que l'attrait de sa « vertu avait réunies autour d'elle ».

« Le 10 février 1790, selon les manuscrits inédits de madame « de Saisseval, le Roi, la Reine et toute la Famille royale, qui « étaient comme prisonniers aux Tuileries, eurent la pensée de « demander à aller à Notre-Dame. Une femme de chambre, âme

« d'élite, trouva le moyen de se faufiler parmi les gardes et de
« distribuer aux Princes la formule de consécration de la France
« au Cœur immaculé de Marie, et ils la firent tous ». Notre-
Dame-de-Paris est la Mère des Douleurs, dont la Voyante de
Boulleret recommande la dévotion au nom du ciel.

C'est pour suivre la tradition des martyrs de la royauté que
Mgr Charles Louis doit faire aussi, avec les membres de sa
Famille et tous les amis de cette cause sacrée, la consécration
solennelle au Sacré Cœur de Marie, Mère des Douleurs. Il suffit
qu'il soit certain par l'histoire que cette consécration ait été faite,
pour qu'elle soit renouvelée solennellement; c'est un devoir qui
s'impose et il sera doux à tous de l'accomplir.

§ VI.— Comment les voies du succès et du triomphe seront ouvertes à l'Elu pour être le grand Monarque, par la consécration au Cœur de Marie, l'Immaculée Conception, Mère des Douleurs.

Sans effusion de sang il n'y a pas de rémission des péchés,
nous dit le grand Apôtre. C'est ce que comprit très bien Marie-
Antoinette, lorsqu'elle vit la foudre grondant sur la tête de la
France. Il nous faut ici encore citer le grand Voyant qui a lu à
livre ouvert dans les Décrets de Dieu. « Louis, dit la Reine,
« selon cette vision, la mort nous attend. Prenant en ses mains
« la victime du Calvaire : Jésus-Christ, dit-elle, tu n'hésitas pas
« à te faire la victime de tous. Le peuple attend notre vie ; Dieu
« l'attend aussi. Mourons, Louis, pour nos enfants et pour
« notre patrie. Notre sang apaisera peut-être le suprême cour-
« roux..... La Reine et Madame Elisabeth s'écrièrent d'une
« commune voix : Si le roi donne sa vie, de grâce sauvez le
« roi. »

Voilà les titres impérissables de l'Elu pour être le grand Monarque ; les bénédictions du sang des martyrs de sa royale
Famille reposent sur sa tête, et il est l'héritier de ce sang offert
en expiation. C'est là pourquoi nos espérances sont inébranla-
bles comme la montagne de Sion, *sicut mons Sion*. Mgr Charles-Louis doit accomplir la consécration solennelle au Sacré
Cœur de Marie, comme l'ont faite selon l'inspiration du ciel les
grandes victimes dont il doit recueillir l'héritage du sang ; et
cela le plutôt qu'il sera possible.

Alors, mais seulement après cet acte, les voies du vrai triom-

phe seront ouvertes. Les amis de cette cause sacrée ne seront
plus réduits à exposer des preuves plus ou moins complètes de
la survivance et de l'identité. La vérité resplendira comme un
soleil radieux, parce que les archives s'ouvriront, et la question
sera tranchée pour tous et à jamais.

Oui, Elu choisi par le ciel, Marie, la Reine des cieux, vous
prendra par la main, après votre consécration à son Cœur, et
les paroles des Voyants seront accomplies en vous. « Et je vis,
« dit le prophète de Prémol, un homme d'une figure resplen-
« dissante comme la face des anges, monter sur les ruines de
« Sion. Une lumière céleste descendit du ciel sur sa tête, comme
« autrefois les langues de feu sur la tête des Apôtres. ».

Tous les Voyants nous disent que l'Elu pour être le grand
Monarque est monté sur un lion. L'esprit de Dieu s'est plu à
nous faire connaître le mystère de ces paroles : c'est l'esprit et
la vertu des dons de Louis XVII que les prophètes nous affirment
par là devoir être en Mgr Charles-Louis, comme Jean-
Baptiste, selon l'archange saint Gabriel, devait être dans sa
mission dans l'esprit et la vertu d'Elie.

Qui donc parmi les conseillers de Mgr Charles-Louis oserait
repousser la consécration solennelle au Sacré Cœur de Marie ?
A Dieu ne plaise qu'il puisse s'en trouver un seul capable d'un
tel attentat et d'un pareil aveuglement. Que tous les vrais amis
de la cause du grand Monarque, que ceux qui croient aux grandes destinées de la France, soient tous présents à cette cérémonie,
qui doit assurer le succès dans l'avenir ; ce sera pour eux honneur
et gloire, et suprême Bénédiction !

CHAPITRE II

§ I. — **Pourquoi le divin Sauveur a voulu que l'image du Sacré Cœur fut placée au milieu des lys sur les armes de la Maison de France et les étendards.**

L'image du Sacré Cœur a été placée dans les armes de la Maison de France au milieu des lys. Il y a là un grand mystère qu'il est de notre devoir de mettre en lumière, puisque le ciel a daigné nous accorder, comme à Daniel, de connaître le sens divin des symboles sacrés. La fleur de lys est le signe de la royauté, dont le Père de la race humaine avait été investi en Eden. Aussi Esdras nous dit : De toutes les fleurs de la terre, ô Seigneur, vous n'avez choisi que le lys.

Mais si tout homme instruit peut s'éclairer sur le sens du symbolisme du lys en ce qui est du passé, il en est tout autrement en ce qui concerne l'avenir. Aussi pour compléter le sens mystérieux des lys, dans les armes de la Maison de France, il était absolument nécessaire d'y placer le Cœur divin de Jésus, par ce nouveau signe le sens divin se trouve déterminé et précisé d'une manière absolue.

Le nouveau peuple de Dieu, aux jours du règne de Dieu par celui de Marie, doit avoir les fleurs de lys avec le Cœur divin de Jésus dans les armes de l'Elu pour être le grand Monarque, parce que celui-ci est comme l'aîné de ce peuple, dans lequel doivent être bénies toutes les nations de la terre. Le titre de rois très chrétiens que portent depuis des siècles ceux qui ont présidé aux destinées de la France, nous dit assez qu'ils sont comme les successeurs des rois de Juda et d'Israël, et c'est pourquoi les lys ont été les emblèmes de leurs étendards.

Dans les temps dont l'ère va s'ouvrir, par le règne du grand Monarque, les vrais fils de l'Eglise de Jésus-Christ, les membres vivants du corps mystique du Sauveur, vont s'élever par la grâce et l'amour du Cœur de Jésus jusqu'à être des Christs en esprit et en vérité, de sorte qu'il sera possible de leur appliquer ces paroles des Livres saints : Je l'ai dit, vous êtes des dieux, c'est-à-dire des hommes célestifiés, quoique vivant dans la chair de déchéance sur cette terre. Le grand Monarque sera donc roi d'un peuple de rois par le Christ.

Les armes de la Maison de France, le Cœur de Jésus parmi les lys, nous prophétisent donc la venue de cette grande ère du règne de Dieu, qui est annoncée dans presque toutes les pages de nos Livres saints. Le Cœur qui a été mis dans ces armes en ces derniers temps nous dit que l'heure des temps prédits est arrivée. L'Eglise de Jésus-Christ, un moment éclipsée, selon l'affirmation de la Reine des cieux dans le secret de la Salette, subira une étonnante rénovation, et alors la terre verra les grands élus dont les serviteurs de Dieu, comme le vénérable Grignon de Montfort, nous ont dit avec certitude la venue. O Dieu des dieux, mettez un arrêt à notre plume, car nous révélerions ici les mystères de votre amour et de vos miséricordes : et cela ne doit être fait qu'après les catastrophes et les ruines dont la menace est sur nos têtes.

§ II. — Du mystère qui est renfermé dans la consécration au Sacré Cœur de Jésus que Mgr Charles-Louis a faite le 14 mars 1884, à Paris.

S'il y a un grand mystère d'avenir, dans l'image du Cœur divin de Jésus placé parmi les fleurs de lys dans les armes du grand Monarque, il y en a aussi un non moins plein de signification dans la consécration solennelle au Sacré Cœur, qui a été faite par Mgr le Prince Charles-Louis, le 14 mars 1884. C'est là aussi une grande prophétie pour l'avenir ; notre devoir est d'en exposer ici le but, et nous le ferons pour obéir aux volontés du ciel.

« Au jour de son jugement, Jésus, nous dit un grand Voyant, « d'après les Saints Évangiles, dit au faible Pilate, en face du

« peuple assemblé : Oui, je suis roi, mais mon royaume n'est
« pas de ce monde que je brise ; il est de cette génération que je
« viens d'enfanter. Je suis roi, parce que je suis le premier de
« ce grand peuple qui se nommera le peuple souverain. Oui, je
« suis roi, roi d'amour, roi de justice, roi de sagesse et de misé-
« ricorde ».

O Élu pour être le grand Monarque, au jour de la consécration de votre personne et du royaume au Cœur divin de Jésus,
au pied des Saints Autels, devant le Dieu vivant qui a accepté
votre engagement sacré, vous vous êtes obligé à être héritier
des sentiments de Jésus-Christ, comme l'auguste Marie vous
l'a dit à Boulleret. Dans l'ère nouvelle où nous allons entrer,
les peuples seront dans leur majorat, et le grand Monarque doit
régner comme on le fait sur un peuple de rois par le Christ,
mais non pour asservir, mais non pour souiller ; l'égoïsme ne
doit plus être ni dans les rois, ni autour des rois.

Il faut une alliance sainte, entre la royauté d'amour, de
justice, de sagesse, de royale clémence et de vraie liberté, et la
démocratie qui est le peuple de Dieu devenu majeur ; cette
démocratie qui ne nie pas le sang du Christ, mais qui s'en
nourrit pour grandir en belles et grandes vertus, pour vaincre
l'ignorance, triompher de la paresse et sanctifier le corps. Tous
les fidèles prophètes nous ont promis une terre nouvelle ; nous
commencerons à la voir sous le règne du grand Monarque, car
à l'imitation du Christ, nul sous son sceptre ne sera frappé ni
par le glaive, ni par l'exil ou la persécution ; mais tous seront
éclairés par la vérité et la saine doctrine de vie qui donne la
lumière et la sagesse. Oh ! quelle gloire pure est promise par
le ciel à ce règne béni !

Le grand Monarque a été vu par le grand Voyant de Prémol,
monter sur les ruines de Sion, ce qui signifie, comme le dit la
céleste Mère dans le secret de la Salette, que l'Église sera
éclipsée, au milieu des cataclysmes dont nous sommes menacés.
O Élu par le ciel, que ce soit l'Esprit de Dieu qui vous guide ;
levez les yeux en haut, les conseils des hommes seraient trop
insuffisants pour vous diriger dans les grandes voies de vos
destinées et de celles de la France. Que le Verbe d'éternelle
vérité, qui est la lumière du monde, soit votre lumière.

**§ III. — Cette consécration au Cœur divin de Jésus rend
nécessaire, selon les Décrets éternels de Dieu, les onctions du sang divin gardé en réserve dans son Cœur,
après sa mort.**

Nous avons été rachetés par le sang de Jésus-Christ, nous
dit saint Jean. Le divin Sauveur, en nous révélant le culte à
rendre à son Cœur sacré, a eu surtout en vue de nous faire
comprendre les mystères du sang mis en réserve par son Cœur.
C'est encore saint Jean, l'Apôtre-Prophète, l'initié à tous les
mystères de l'avenir, qui va nous servir de maître et de guide,
dans l'exposé des vérités que le ciel nous ordonne de faire connaître.

Voici le texte sacré : « Mais un des soldats lui perça le côté
« avec une lance, et aussitôt il en sortit du sang et de l'eau. Et
« celui qui a vu en a rendu témoignage, — et son témoignage est
« véritable et il sait qu'il dit vrai, — afin que vous croyiez. »
Ev. de S. Jean, XIX, v. 34, 35. Quel est donc ce mystère pour
lequel saint Jean apporte un témoignage, qu'il affirme si véritable, afin qu'on ait la foi ; il faut bien que ce soit un fait de
haute importance, pour que saint Jean parle avec tant de solen-
nité. C'est qu'il s'agit en effet d'un grand mystère de l'avenir,
par le sang du Cœur de Jésus, qu'il nous importe d'entendre.

Nul n'ignore, ce qui a été enseigné par tous les docteurs, que
la Rédemption a été consommée par la mort du Sauveur. Mais
lorsque le côté fut transpercé jusqu'au cœur, par la lance du
soldat romain, le divin Rédempteur avait expiré. Pourquoi donc
son Cœur avait-il en réserve du sang qui n'a été versé qu'après
la consommation du rachat du genre humain. Oh ! ce n'est pas
sans un mystère profond, dont nous devons chercher à avoir
l'intelligence.

La céleste Reine des anges nous dit, dans le secret de la
Salette publié avec l'autorisation de l'autorité épiscopale : « On
verra l'abomination dans le lieu saint », ce qui signifie que le
sang de la Rédemption, dans la divine Eucharistie, sera livré à
la profanation, et que la montagne des sacrilèges s'élèvera à la
hauteur de la croix sur le mont de Sion. Et c'est là ce qui amè-
nera les ruines de Sion, sur lesquelles le grand Monarque doit
monter, selon le grand Voyant de Prémol.

Mais comment l'Elu pour être le grand Monarque pourrait-

il monter sur les ruines de Sion, sinon parce qu'il aura reçu
les onctions royales, par le sang gardé en réserve par le divin
Cœur de Jésus, après sa mort. Après que Mgr Charles-Louis
aura fait la consécration solennelle au Sacré Cœur de Marie,
il y aura des faits où la main de Dieu se montrera avec éclat,
et il sera permis de donner les onctions par le sang du Cœur qui
a été conservé pour les temps où nous sommes. Voilà le mystère qui a été révélé par saint Jean ; adorons donc les desseins
de Dieu en courbant nos têtes, car lui seul est grand dans les
siècles des siècles.

§ IV. — Quelle est la raison de la réserve du sang du Cœur, qui n'a été versé qu'après la mort du Sauveur, dans la transfixion du côté par la lance du soldat romain.

La révélation par la Bienheureuse Marguerite du culte à
rendre au divin Cœur de Jésus, et l'acceptation de ce culte dans
la Sainte Église ; la volonté de Dieu que l'image de son Cœur
sacré fut placée au milieu des lys, sur les armes de la Maison de
France; la consécration au divin Cœur qui a été faite par l'Elu pour
être le grand Monarque ; tous ces grands faits ont leur fondement et leur véritable raison d'être dans ce mystère que saint
Jean nous a appris, que le divin Sauveur avait mis en réserve
dans son Cœur du sang, et que celui-ci n'a été versé qu'après
la mort, dans la transfixion du côté par la lance du soldat romain. C'est donc, selon la loi logique, le mystère de ce sang
qu'il est pour nous avant tout important de pénétrer.

Notre éternel Rédempteur n'a versé le sang gardé dans son
divin Cœur qu'après sa mort, parce qu'il avait en vue un dessein
spécial d'amour et de miséricorde à accomplir par ce sang divin.
Qui donc oserait prétendre le contraire, et voudrait nous per-
suader que cela n'a pas été fait selon les vues de la Sagesse
Éternelle. Non, ce sang divin qui a été donné à la terre, car
saint Jean nous affirme l'avoir vu couler, ne saurait être sans
fruit ; de tels trésors ne peuvent se perdre, ni rester sans appli-
cation. Dieu a veillé à ce que les saints Anges recueillent ce
sang ; et donné à la terre, il doit servir aux grands jours du
règne de Dieu dont l'ère va s'ouvrir, pour les onctions qui
seront données à Mgr Charles-Louis.

Au chapitre X de l'Apocalypse, saint Jean voit un ange qui

descendait du ciel et dont le visage était comme le soleil. Il tenait à la main un petit livre ouvert. Ce livre, disons-le, au nom du Dieu d'éternelle vérité, c'est celui qui a été écrit avec le sang du Cœur divin de Jésus. Saint Jean nous dit qu'il demanda ce livre à l'ange, et l'ange le lui donna à manger, c'est-à-dire à entendre. Ainsi il en sera pour l'Elu à être le grand Monarque et ses amis fidèles, car ce Livre sera donné pour le grand Monarque, et par le don de Daniel, nous en ferons la lecture dans son sens divin.

Tous ceux qui ont l'intelligence des Livres des Prophètes peuvent voir clairement que le sang divin mis en réserve dans le Cœur du Sauveur doit servir à un enseignement. Saint Jean en a eu l'intelligence, lorsqu'il nous dit qu'il allait écrire ce qui lui en était révélé. La terre doit donc entrer en possession de ces mystères, et c'est l'héritage de celui qui est élu pour être le grand Monarque, car dit l'auguste Marie à Boulleret, il est l'héritier des sentiments de Jésus-Christ, c'est-à-dire des mystères de son Cœur. Ce sont là ces vérités dont le divin Sauveur disait à ses Apôtres : J'ai encore beaucoup de choses à vous apprendre ; mais vous ne pouvez les entendre maintenant. Mais quand l'esprit de vérité sera venu il vous enseignera toute vérité. Les temps que le divin Maître nous annonce par ces paroles sont ceux du règne du grand Monarque, qui est celui du règne de Dieu, c'est-à-dire de l'Esprit-Saint de vérité.

§ V. — Bénédiction suprême qui sera donnée par les onctions de ce sang divin à l'Elu pour être le grand Monarque et aux assistants à cette cérémonie.

Le plus beau des livres de nos saintes Ecritures, l'Apocalypse de l'Apôtre-Prophète, n'est autre chose que l'Evangile du règne de Dieu. Lorsque, sous le règne du grand Monarque, par la lumière des Pères Apostoliques, la doctrine du règne de Dieu sera connue, l'Apocalypse, qui a été jusqu'à nos jours un livre scellé, deviendra intelligible même aux enfants, comme le sont nos saints Evangiles. Alors nous aurons donné la connaissance du Livre dont parle saint Jean, dont le texte en symboles sacrés, tracés par le Ciel, aura été remis entre les mains de l'Elu pour être le grand Monarque.

Les rois de Juda portaient les fleurs de lys sur le front ; mais l'Elu du Ciel, Mgr Charles-Louis, aura la gloire et la suprême bénédiction de recevoir les saintes onctions du sang, que le Cœur divin de Jésus avait gardé dans son Cœur, après avoir rendu son âme à son Père. C'est par ces onctions royales, qu'au milieu des cataclysmes et de tant de ruines accumulées, il n'aura rien à craindre. Tout lui sera prospère dès ce jour, et il aura le succès en toutes choses, parce que les onctions de ce sang divin mettront toutes les vertus célestes en action, pour sa défense, sa garde, sa protection et son triomphe, dans le lieu fixé par Dieu, qui a été désigné par les fidèles Voyants.

Dans le dessein de bénir ceux qui se seront voués à cette cause, et qui auront eu la foi dans les destinées de la France, le Ciel permettra qu'en ce jour où l'Elu du Ciel recevra les onctions de ce sang, que ni les profanations, ni les sacrilèges n'ont pu atteindre, les heureux témoins de cette cérémonie, la plus belle que la terre ait encore vue, soient aussi touchés au front par le Pontife consécrateur, afin qu'ils soient préservés par la vertu de ce signe ou sacrement, au milieu des fléaux de toute sorte, dont la terre et ses habitants seront frappés, dans les jours de deuil que nous devons traverser.

Oh! appelons tous, par les plus ferventes supplications, l'heure de cette cérémonie solennelle. Comme David, lorsque Samuel lui eut donné en secret, dans la maison de son père Jessé, les onctions de la royauté, eut la certitude qu'il serait roi en Juda et en Israël, ainsi il en sera pour Mgr Charles-Louis, après avoir reçu les onctions par le sang du Cœur divin de Jésus, et il pourra se considérer comme assuré de s'asseoir à l'heure de Dieu sur le trône.

CHAPITRE III

§ I. — **Est-il permis d'espérer que la terre puisse entrer en possession du sang que le Cœur divin de Jésus avait mis en réserve pour le temps de l'abomination de la désolation dans le sanctuaire ?**

Depuis des siècles, tous les enfants de Dieu de toutes les générations font parvenir jusqu'au pied du trône éternel, en récitant le *Pater*, ce cri de supplication : Que votre règne arrive. Il s'agit bien ici de ce règne de Dieu que tous les prophètes nous annoncent devoir advenir, car toutes les demandes de cette prière enseignée par le divin Maître sont pour la terre. Mais le règne de Dieu est aussi celui du règne du grand Monarque en France, car c'est en ce nouveau peuple de Dieu que toutes les nations doivent être bénies.

Mais ne mettons pas en oubli que le plus grand obstacle au triomphe du bien n'est pas ailleurs que dans les profanations et les sacrilèges qui ne cessent de se multiplier contre le sang de la divine Eucharistie, qui n'est autre que le sang de la Rédemption, par la transsubstantiation des Espèces du sacrifice de nos autels. C'est l'auguste Marie elle-même qui vient nous l'apprendre par la manifestation du secret de la Salette ; et la multiplication du sang dans les vomissements de la Voyante de Boulleret ne nous fait pas entendre autre chose. C'est que le mal se voyant à l'heure de sa défaite, par la miséricorde des Sacrés Cœur de Jésus et de Marie, place ses dernières espérances dans la montagne des sacrilèges qu'il élève. Qui donc parmi ceux qui sont éclairés d'en haut peut ignorer ce mystère d'iniquité, qui est l'abomination de la désolation dans les lieux saints, dont parle Daniel.

Or, pour vaincre le mal au degré où il est parvenu sur la terre, il ne saurait y avoir un moyen assez puissant autre que celui du sang mis en réserve dans le Cœur, que le divin Sauveur n'a versé qu'après sa mort. Toute autre force serait absolument insuffisante pour obtenir le triomphe de l'Eglise. Ce n'est donc pas sans une profonde sagesse que nous avons l'espérance que ce sang sera donné à la terre. Le triomphe du bien nous a été affirmé bien des fois du haut du Saint-Siège apostolique ; tous les Voyants nous l'affirment comme certain après les cataclysmes que nous devons traverser. Mais en dehors de la vertu et de la puissance de ce sang du divin Cœur, où sont donc les moyens pour obtenir ce triomphe, et comment même le concevoir possible sans cette force ?

Ah ! si nous n'étions pas retenu par cette loi de la prudence qui enchaîne ici notre plume, combien il nous serait facile de prouver par des faits concluants et qui ne sauraient permettre le doute, que non seulement nous pouvons avoir l'espérance que le Livre écrit avec le sang sera remis entre les mains de l'Elu pour être le grand Monarque, mais que cela est assuré et certain. Ne craignons point, Dieu a tout prévu, et les richesses de l'amour de son Cœur sont sans bornes ; il nous donnera ce qui a été mis en réserve pour les jours où nous vivons, et le bien triomphera, sous le règne du grand Monarque, en France et sur toute la terre.

§ II. — Le salut peut-il être dans un moyen autre que la vertu et la puissance du sang du Cœur de Jésus, que ni les profanations ni les sacrilèges ne peuvent atteindre ?

La France a vu, à la fin du dernier siècle, des évènements de terrible mémoire semblables à ceux que subit Israël aux jours de la captivité de Babylone. Les membres du clergé se virent conduits à l'échafaud, ils furent jetés en exil, et ils n'eurent un asile sur le sol français qu'en affrontant la peine de mort pour eux et pour ceux qui les recueillaient dans leurs maisons. Le sacrifice perpétuel cessa dans les églises qui furent livrées à toutes les profanations. Hélas ! n'avons-nous donc plus à craindre des malheurs semblables ? Qui oserait l'affirmer, lorsque tous les Voyants de la terre font entendre des menaces bien plus terribles encore que tout ce qui avait été annoncé à nos pères.

Écoutons les paroles de la céleste Reine des Anges dans le secret de la Salette : « Au premier coup de son épée foudroyante, « les montagnes et la nature entière trembleront d'épouvante, « parce que les désordres et les crimes des hommes percent la « voûte des cieux ». Il est dit aussi : « L'Eglise aura une crise « affreuse... ni lui, c'est-à-dire Pie IX, ni son successeur, ne « verront le triomphe de l'Eglise ». Et encore : « L'Eglise sera « éclipsée ».

Après ces paroles de la très sainte Vierge, selon un texte dont l'authenticité ne saurait être niée, qui pourrait s'étonner si nous affirmons qu'il n'y a point de salut à espérer, sinon par la vertu et la puissance du sang du Cœur divin de Jésus, mis en réserve pour ces temps de calamités, de fléaux, de ruines et de deuil. Il faut que chacun sonde ici les profondeurs de sa conscience, car nous dit le prophète des Evènements, Ezéchiel, tout genou fléchira, à cette heure de suprême courroux. Où donc placer notre confiance, sinon dans le sang qui ne fut versé qu'après la consommation de l'œuvre de notre rachat. Au milieu de ces ruines comment pratiquer l'obéissance, telle qu'elle est prescrite selon les voies ordinaires. A qui s'attacher, comme à une ancre de salut, sinon à Jésus-Christ lui-même.

« La montagne de Sion s'écroule avec fracas, s'écrie le grand « Voyant de Prémol. Votre Eglise, dit-il, est déchirée par ses « propres enfants. Et voilà que l'Arche sainte disparaît ». Il est facile d'entendre les paroles du Voyant ; où sera donc le phare pour servir de guide, lorsque le Siège Apostolique n'aura plus de suprême Pasteur ? Prêtres ou fidèles, que ferez-vous dans les jours de deuil ? Comment le sacrifice perpétuel sera-t-il offert pour sauver le monde ; et où seront les mains sacerdotales pour l'Arche sainte ? O Elu pour être le grand Monarque, que l'Auguste Marie vous prenne par la main pour vous conduire dans les voies de vos destinées, et sachez apprendre comment doit s'opérer le salut de la France et des nations

§ III. — Tout missionné de Dieu doit répondre à cette question : Que dis-tu de toi-même ? la réponse pour nous à cette demande.

Tout missionné du Ciel qui se présente devant les hommes doit être prêt à rendre compte de sa mission. De même qu'au divin Sauveur il fut dit : Que dis-tu de toi-même ? l'invesn d'une mission doit répondre à cette question : Que dis-tu de toi et de ta situation ? Nous n'entendons pas nous soustraire à cette obligation, devant le grand Monarque pas plus qu'en présence de qui que ce puisse être. Mais, ainsi que le disait le divin Maître, c'est à nos œuvres surtout à rendre témoignage de nous. C'est par les œuvres que le missionné se manifeste, et c'est là où il faut chercher le criterium suprême de sa mission.

A l'exemple de l'Apôtre il nous faut bien dire un mot de nous-même. Saint Paul connu par son zèle pour la loi de Moïse fut converti par le Seigneur lui-même ; et peu d'années après il se présenta aux disciples du Christ, non au nom des Apôtres, mais comme un apôtre qui avait été investi de son autorité par Jésus-Christ lui-même, comme il ne cesse de le redire. Nous le disons en imprudent, *quasi insipiens*, mais nous aussi nous sommes contraints.

Nous disons donc qu'en 1875, le divin Maître après nous avoir montré la situation de la France et de la terre, qui est dans un état bien pire qu'en 1793, nous adressa comme à Paul la demande si nous voulions le suivre pour accomplir ses divines volontés. Ceux qui savent ce qu'est l'obéissance comme vertu ne seront pas étonnés de notre résistance qui dura près de six mois ; la mort nous paraissait préférable que d'entrer dans cette voie, et nous ne cessions de la demander.

Mais il est dur de résister aux volontés du divin Maître ; il ne cessait de multiplier en nous sa lumière sur les desseins de sa miséricorde et de son amour. Nous dimes donc : Vous voulez un martyr à la cause du règne de Dieu, me voici, qu'il soit fait selon votre volonté. Les jugements des hommes ne sont rien : on me foulera aux pieds comme la poussière du chemin, mais je suivrai en tout celui qui est la voie, la vérité et la vie, comme il est la lumière de tout homme en ce monde.

Serviteur de Jésus Christ, c'est sa volonté que nous accomplissons en écrivant ces lignes. Voilà notre réponse à ceux qui nous diront : Que dis-tu de toi-même ? Voilà notre situation. Louis XVII a été le martyr de la royauté et c'est pour cela que Mgr Charles-Louis a été élu pour être le grand Monarque. Nous avons eu à subir toutes les douleurs de la croix, et si la croix est le signe des missionnés, nul ne saurait être admis à mettre en doute les droits sacrés de notre mission. Cette mission ne nous vient point des hommes, nous le disons hautement comme saint Paul, mais du Cœur divin de Notre Seigneur, par Marie, notre céleste Mère, et saint Joseph.

§ IV. — Ce qu'est le Cœur divin de Jésus par rapport à l'humanité, et le rôle du Cœur sacré de Marie dans cette action indivisible.

La lumière de la raison doit diriger les rois, puisque leur ministère est pour la terre et pour tout ce qui est intérêts terrestres. Mais la raison doit être éclairée par la lumière d'en haut, afin que les rois sachent conduire les peuples dans les voies des destinées divines, qui est le but suprême à atteindre. Nous allons donc exposer, selon la lumière rationnelle éclairée par le ciel, pourquoi la consécration au divin Cœur de Jésus exige selon la loi logique et rend même nécessaire la consécration au Cœur immaculé de Marie, Mère des Douleurs.

Nous ne parlerons pas ici par nous-même, mais nous citerons un ouvrage qui est un chef-d'œuvre de pure et sainte doctrine; il a pour titre : *Trente-trois considérations sur le Sacré Cœur*. Nous citons la page 396. « Si nous savions ce que nous est le
« Cœur de Jésus, le Cœur de Marie, ces deux Cœurs en un.
« Si nous savions le mystère d'unité et de vie renfermé pour
« nous dans ces deux Cœurs. Si l'on savait ce qu'est un cœur,
« même matériel et visible, qui est le centre du corps humain.

« Le cœur est le principe de la vie; il vivifie incessamment
« tous nos membres qui tendent par eux-mêmes à la mort. Il
« n'y a pas un seul moment où chacun de nos membres ne
« meure et par lui-même n'épuise la vie et ne coure à la mort;
« mais le cœur, principe de la vie, ne cesse pas un instant non
« plus de réparer cette perpétuelle décadence.

« Chaque battement est double et se compose de deux mou-
« vements; l'un des deux retire des organes le sang éteint, pen-
« dant que l'autre y lance le sang vivant. C'est que le cœur
« lui-même est double; il y a comme deux cœurs en un; l'un
« plus actif, l'autre plus passif; l'un qui envoie la vie; l'autre
« qui reprend la mort pour faire place à la vie. L'un vivifie,
« l'autre purifie.

« Tel est aussi, au milieu de l'humanité régénérée, le rôle du
« Cœur, de ce Cœur composé de deux âmes vivantes en une,
« l'âme de Jésus et l'âme de Marie. L'âme de Jésus est le côté
« vivifiant du cœur du monde, et l'âme de Marie, par la grâce
« de Jésus, est le côté par où ce qui est mort court vers la vie.
« Elle porte à Celui qui est la vie même le sang mort de l'huma-

« nité, afin que la vie s'y verse, et que Jésus le renvoie au monde
« vivant et divinisé. »

O Élu pour être le grand Monarque, nul ne saurait diviser le
Cœur de Jésus et Celui de Marie. Ainsi la consécration au
Cœur divin de Jésus rend nécessaire la consécration au Cœur
sacré de Marie.

CHAPITRE IV

**§ I. — Le mystère du sang dans la divine Eucharistie ; et
le mystère du sang à Boulleret que le Ciel nous donne à
comprendre.**

Dans le mystère eucharistique, en outre du prodige de la
transsubstantion des saintes Espèces qui sont offertes dans le
sacrifice divin, il faut surtout admirer la multiplication du sang
divin qui se trouve dans les calices sur toute la terre. Le sang
versé au Calvaire baigna l'univers, dit Origène ; il y a bien plus
que cela, car il est l'aliment de vie de toutes les générations, à
travers la longue série des siècles. Le mystère du sang est le
plus grand de tous, et celui dont il est de la plus haute impor
tance d'avoir l'intelligence.

Le sang a la vertu de purification, ainsi que nous le voyons
dans Moïse qui fit l'aspersion sur le peuple par le sang des
victimes, qui n'était que le symbole du sang de la divine victime
du Golgotha. Dans le sang il y a une grande puissance de bénédiction, car Dieu ordonna à Moïse de sanctifier les vases du
Tabernacle, et c'est par le sang qu'il fit cette cérémonie. Le Cœur
divin de Jésus n'est l'objet du culte qui lui est rendu que parce

qu'il est l'organe distillant la vie qui est elle-même dans le sang, et c'est ainsi que l'âme et le corps ne forment qu'une même vie. Mais c'est toujours le mystère du sang que nous retrouvons dans ce culte et dans ces dévotions.

Si nous nous efforçons maintenant de pénétrer le mystère des apparitions solennelles de la très sainte Vierge, dans ces derniers temps, nous en trouvons trois que l'autorité épiscopale a revêtu de l'approbation la plus complète, et qui ont reçu par le ciel une confirmation éclatante, par des miracles sans nombre obtenus par la foi des fidèles. A la Salette, la céleste Mère appelle notre attention sur les douleurs de son Cœur transpercé par sept glaives, en apparaissant comme versant des larmes sur les pécheurs. A Lourdes, elle se révèle comme l'Immaculée Conception, qui est le fondement de sa toute puissance médiatrice auprès de son divin Fils. Dans l'apparition de Pont-main, c'est à titre de Reine des Anges et des Saints qu'elle se montre, afin que nous apprenions à nous prévaloir de toutes les vertus des cieux.

Mais les temps ne cessent de marcher; l'heure du règne de Dieu est enfin venue, et voici que l'auguste vierge Marie vient attirer l'attention de tous ses enfants fidèles sur le grand mystère du sang. C'est de ce point de vue qu'il faut considérer les apparitions et les faits qui ont eu lieu à Boulleret, si nous avons à cœur d'en avoir l'intelligence. Toutes les apparitions en divers lieux viennent se résumer dans cet enseignement des apparitions de la très sainte Vierge à Boulleret; de même que toutes les dévotions convergent à nous révéler le mystère du sang que le divin Sauveur avait en réserve dans son Cœur, et qui ne fut versé qu'après que ces mots eurent été prononcés : Tout est consommé.

§ II. — La certitude du fait admirable du mystère du sang que des centaines de témoins oculaires ont pu constater à Boulleret.

Dans ce livre si sublime de l'Apocalypse qui contient une infinité de mystères, selon saint Jérôme, et dont il a plu au ciel de nous donner l'intelligence, saint Jean, au ch. X, voit un ange qui descendait du ciel. C'est un des grands archanges qui assistent au conseil de Dieu, car nous dit l'Apôtre-Prophète : « Il mit le pied droit sur le mur et le gauche sur la terre ». Si la

mesure de la puissance, selon les règles sacrées, est celle
de l'étendue qu'occupent les anges, celui-ci est donc grand
devant Dieu. Or, « il leva la main vers le ciel et il jura par celui
« qui vit au siècle des siècles qu'il n'y aurait plus de temps ».

Que signifient ces paroles, « qu'il n'y aurait plus de temps »;
ce n'est certes pas de la fin de ce monde qu'il faut les entendre,
car l'Ange annonce à saint Jean qu'il faut qu'il enseigne de
nouveau les peuples, les nations et les hommes de diverses
langues et plusieurs rois. Il s'agit donc ici de l'ère précédant
le règne de Dieu, et l'ange annonce par serment que ce règne
adviendra, car le temps qui précède prendra fin. Et ce qui nous
annonce que les paroles du Voyant apocalyptique vont s'accomplir, c'est le mystère du sang qui nous le prédit avec une certitude parfaite et absolue. C'est là ce qui nous impose le devoir
d'étudier avec un soin particulier les apparitions de la très sainte
Vierge Immaculée, Mère des Douleurs, à Boulleret, parce que
là se trouve la clef du mystère du temps qui finit, et celui de la
grande ère qui va s'ouvrir par le règne du grand Monarque.

Le mystère du sang, à Boulleret, est un fait qui est au-dessus
de tout doute possible; en voici les preuves. « En 1877, dit un
« récit publié, le bruit se répandit dans le public que la Voyante
« aurait quatre-vingt-dix crises de vomissements par jour,
« sans prendre aucune nourriture. On s'émut à cette nouvelle
« et l'on voulut s'en assurer. C'est pourquoi M. le Curé fit
« faire, dès le 25 octobre, près de la Voyante, une garde sévère
« de jour et de nuit, dont matin et soir il recevait les témoi-
« gnages et les appréciations. Dix femmes ou jeunes filles, dont
« cinq le jour et cinq la nuit, ne quittèrent plus Joséphine
« d'une minute jusqu'au 7 décembre ».

Or, tous ces témoins dignes de foi attestent qu'elle avait tous
les jours de soixante-quinze à quatre-vingt-quinze crises de
vomissements de sang pur et qu'elle ne prit aucune nourriture,
ni la nuit ni le jour. Il nous a été certifié à nous-même qu'il
y a eu environ six mille crises de vomissements de sang pur, et
trois ou quatre cents personnes peuvent en rendre témoignage,
comme témoins oculaires. Si le mystère du sang pouvait être
nié dans ce cas, il faudrait renoncer à pouvoir rien attester en
histoire, car il ne saurait y avoir un fait mieux prouvé et mieux
mis hors de doute.

§ III. — La science est obligée de confesser que le mystère du sang, qui est sous ses yeux à Boulleret, n'a pas d'organe humain capable de le produire.

La science, qui a la judicature des faits de l'ordre humain, peut-elle se croire capable de nous donner la raison de ce mystère du sang, qui a eu de si nombreux témoins à Boulleret? Il n'y a pas, répond la science, par l'attestation des docteurs témoins de ces crises de vomissements de sang pur qui ont lieu depuis des années, d'organe dans le corps humain capable de produire une telle quantité de sang. Il y a donc là une longue série de faits constituant un ensemble qui reste inexplicable pour la science. Nous voici dès lors en présence d'un surnaturel qui s'impose et qu'il est impossible d'expliquer par une cause connue de la raison. Mais ce qui est surtout digne d'attention, dans ce que nous nommons avec justice le grand mystère du sang, c'est que ces crises de vomissements étaient annoncées à l'avance, et que dans aucun cas le fait n'a jamais eu lieu en dehors de ce qui avait été prédit. Il faut lire dans le petit ouvrage : *Les Apparitions de Boulleret*, toutes les dates et les annonces de ces faits si variés qui se sont succédés depuis 1875, et qui se continuent encore à l'heure présente.

Ah! si l'intelligence des choses de Dieu n'était pas descendue au degré où nous la voyons, soit parmi les fidèles, soit même au sein du clergé, ce ne serait pas des centaines de témoins qui iraient contempler les phénomènes surnaturels accomplis à Boulleret, ce serait par centaines de mille qu'on accourrait de tous les lieux de la terre. Mais le divin Sauveur, en parlant de nos temps, ne disait-il pas : Pensez-vous que le Fils de l'homme trouvera la foi sur la terre aux jours de sa venue, c'est-à-dire à ceux du règne de Dieu.

Que nous annoncent donc les crises de vomissements de sang pur à Boulleret? Elles nous enseignent qu'une purification par le sang et dans le sang est nécessaire aux hommes sur la terre; elles nous apprennent que de grandes bénédictions nous seront données, par le sang du Cœur divin de Jésus. Aussi gardons l'espérance contre toute espérance, car au point de vue humain il ne saurait y avoir en effet aucune espérance; mais au point de vue du ciel il y a pour nous la certitude du salut, parce que c'est la volonté du Cœur divin de Jésus par Marie de nous faire miséricorde,

Oh ! quelle grande mission il y a dans les apparitions de la très sainte Vierge à Boulleret. C'est à nous à nous en rendre bien compte, car c'est l'auguste Mère des Douleurs qui nous révèle là le grand mystère du sang, qui nous annonce la venue du règne de Dieu, et par une loi logique le règne du grand Monarque.

§ IV. — Il y a à Boulleret un cœur qui est comme greffé sur une vertu et une puissance qui rendent la Voyante apte à donner une quantité de sang inexplicable.

Il y a dix-huit siècles l'heure annoncée par les Prophètes où le genre humain devait être racheté par l'effusion du sang était venue. La victime auguste était en présence de ses juges et Caïphe présidait le Sanhédrin. Les témoignages pour une condamnation à mort n'étant pas suffisants, le souverain Pontife aaronite se leva et dit : « Je t'adjure par le Dieu vivant de nous dire si « tu es le Christ, le Fils de Dieu. Jésus lui répondit : Tu l'as dit, « et même je vous dis que vous verrez le Fils de l'homme assis « à la droite de la puissance de Dieu, et venant sur les nuées « du ciel ». Saint Mat. XXVI. 63, 64.

Ainsi le Christ accepta d'être la victime qui donnait son sang pour le salut du monde. Mais en même temps il fit la promesse solennelle que la terre verrait à l'heure fixée le règne de Dieu, car il viendrait sur les nuées du ciel. Or, dans les apparitions de la très Sainte Vierge, le mystère du sang à Boulleret nous annonce que l'ère de ces temps va luire.

Qui donc parmi les hommes de la science pourrait nous découvrir comment peut s'opérer ce mystère du sang, dans ces crises si multipliées, puisqu'il n'existe pas dans le corps humain un organe capable d'en produire une telle abondance. Dans l'espace de moins de trois mois, il y a eu 6,000 crises de vomissements de sang pur, et combien d'autres milliers de crises ont eu lieu encore. C'est donc par véritables torrents qu'il faut évaluer cette abondance de sang vomi. Jamais la terre n'avait rien vu de semblable.

Il y a donc, en cette Voyante si faible et si délicate, un cœur qui se trouve comme greffé sur une puissance et une vertu qui la rendent capable de produire une si grande quantité de sang pur et qui est comme sortant du corps le mieux portant. Mais c'est là où le phénomène le plus évidemment surnaturel s'élève à un degré tel qu'il se joue de la science, qui est obligée de se déclarer impuissante à l'expliquer.

Après cela faut-il nous étonner si toutes ces apparitions nous ont amené à ce qui a été dit de celui qui est élu par le ciel pour être le grand Monarque. Mais c'est comme si nous demandions s'il y a quelque chose d'extraordinaire qu'après avoir vu la fleur sur un arbre un fruit puisse apparaître. Le mystère du sang nous atteste que l'ère du règne de Dieu est venue, et le règne de Dieu n'est autre que celui du grand Monarque ; c'est la fleur et le fruit de l'arbre des desseins éternels de la Sagesse de Dieu.

§ V. — Comment tous les faits accomplis par la médiation de la très sainte Vierge à Boulleret ont un grand rapport au secret de la Salette.

Les saintes Ecritures dans les textes sacrés des prophètes, et la prophétie est presque partout dans nos Livres saints, ne sauraient être comprises si nous les lisons avec de pures vues humaines. Pour en avoir l'intelligence, il faut entendre le sens divin que Dieu nous a donné pour l'instruction des générations. Il en est de même pour les Voyants qui nous parlent des choses de l'avenir. Quiconque n'a pas reçu d'en haut une lumière, ne peut saisir le sens divin des textes, et le Livre reste scellé. Tous ceux qui veulent en donner des explications, sans en avoir reçu la mission du Ciel, ne nous offrent que des exposés qui se trouvent démentis par les faits lors de l'accomplissement de ce qui a été annoncé.

Mais à mesure que les temps sont proches, les paroles des Prophètes comme celles des Voyants deviennent plus claires et sont plus faciles à comprendre. C'est à ce titre que nous appelons l'attention sur ce qui a été dit par la très sainte Vierge, dans ses apparitions à Boulleret ; il y a bien des choses qu'il est utile de lire, pour entendre ce qui va advenir. Nous citons ici des extraits textuels des paroles de la très sainte Vierge : « Dis- « lui,—à ton confesseur,—qu'il est bien à craindre que l'Eglise, « les prélats et les prêtres ne soient châtiés. » 29 septembre 1877.

« Le moment viendra où l'on reconnaîtra la vérité... Dieu « ne permet pas que ces faits miraculeux se ressemblent. » 13 mai 1878.

« L'Eglise est en péril ; les vagues ne cessent de mugir contre
« elle... Vous touchez aux tristes et cruels évènements, aux
« fléaux que Dieu va répandre sur son peuple rebelle. Le sang
« coulera sous le tranchant des épées meurtrières, sous le joug
« et le feu des différentes armes. Le châtiment sera court, mais
« terrible et épouvantable. » 1er mai 1881.

« Non, jamais Dieu n'a été tant outragé et profané par tant
« de mauvais, indignes et ignominieux, prêtres, religieux et
« religieuses, qu'il l'est maintenant, surtout dans le saint sacre-
« ment de l'Eucharistie. Le temps de l'abomination de la déso-
« lation et ténébreux est proche. Lorsque vous serez sous le
« poids du massacre ne vous enfuyez pas ailleurs afin d'être
« épargnés. Restez en famille et priez. » 7 août 1881.

Si on compare ces extraits au secret de la Salette, on verra
facilement la situation où nous sommes. Nous avons assisté au
règne de la Commune à Paris en 1871, ce n'était là qu'une faible
image de ce qui va advenir. O Elu pour être le grand Monarque,
c'est à vous qu'il appartient de faire abréger ces jours de deuil
et d'angoisses ; soyez donc fidèle aux volontés de Jésus et de
Marie.

CHAPITRE V

§ I. — Le Cœur placé au milieu des lys dans les armes de la Maison de France annonce les destinées promises par le ciel à l'Elu pour être le grand Monarque.

Les armes d'une maison royale, comme celles des grandes cités, sont comme une sorte de prophétie qui annonce les destinées où le ciel appelle une race ou un peuple ; aussi elles ont été données par une révélation à quelque saint personnage. C'est ce qui a eu lieu pour les fleurs de lys, qui furent confiées à un saint ermite par un ange du ciel, et celui-ci les remit à Clotilde pour Clovis, le premier de nos rois chrétiens. Le prophète Isaïe nous dit que l'âme fleurira au ciel comme un lys.

Mais le lys des vallées, dont nous parle Salomon, n'est autre chose que le symbole de Celle qui à Lourdes et à Boulleret s'est affirmée comme l'Immaculée Conception, et à ce titre non-seulement elle enfante le Soleil de Justice, mais elle nous enfante tous, en tant que membres du Christ, à la vie de la grâce et de la gloire. Selon les traditions patriarcales primitives, Isis ainsi que la Vénus-Uranie porte le lys, parce qu'elles prophétisent la céleste Vierge Marie de nos Livres saints. Lorsque l'archange saint Gabriel vint annoncer le sublime mystère de l'Incarnation du Verbe à la Vierge de nos prophètes, il tenait en ses mains le lys, symbole du fait qui allait s'accomplir.

Mais à l'ouverture de la grande ère où nous sommes, au temps de la venue du règne de Dieu, le lys trinaire n'était plus suffisant pour les armes de la Maison royale de France. La voie pour de nouvelles destinées s'ouvrait ; il fallait donc exprimer sur les armes les nouveaux desseins de la Sagesse de Dieu sur cette race bénie et renouvelée par le sang des martyrs. Le mystère du sang avait purifié les membres de la Famille royale, et la bénédiction céleste allait descendre sur la tête de ses descendants.

Il faut donc, et c'est d'une nécessité absolue, que le Chef de la Maison de France fasse la consécration solennelle de sa personne, de sa famille et du royaume au Cœur immaculé de Marie, qui doit nous enfanter pour la vie du règne de Dieu, comme la Mère des Douleurs nous enfanta à la vie de la grâce par son divin Fils sur le Calvaire. Ne pas entrer dans cette voie où le ciel invite Mgr Charles-Louis serait vouloir se répudier soi-même, fermer la porte de l'espérance du succès et refuser la certitude du triomphe. S'il se trouvait autour de sa personne un seul conseiller, soit au point de vue religieux, soit à celui de l'ordre politique, qui se permît le conseil de ne pas faire cette consécration au Cœur de Celle dont le symbole est dans les armes de la Maison de France, il devrait être à jamais éloigné sans aucun retard. Mais il n'en sera pas ainsi, et il y aura un accord unanime de tous ceux qui se sont voués avec amour à cette cause trois fois sacrée.

§ II. — La consécration au Cœur immaculé de Marie est une condition requise pour l'accomplissement des destinées du nouveau peuple de Dieu.

Au sommet du Golgotha, lorsque le Verbe de Dieu devenu le Fils de l'homme en se revêtant de notre nature humaine, répandait par ses saintes plaies tout son sang, il n'y avait qu'une victime, mais il y avait deux offrants. Debout, comme il convient au prêtre à l'autel du sacrifice, l'auguste Reine des cieux qui se dit l'Immaculée Conception prenait part à l'offrande de la victime de notre rachat. C'est à ce titre qu'elle est véritablement nommée co-rédemptrice selon toute la rigueur de l'enseignement de la science sacrée.

Sur le Calvaire il est donc impossible de diviser l'action du Fils et celle de la Mère des Douleurs. Il n'y a qu'une victime qui verse son sang il est vrai, mais il y a deux Cœurs qui offrent la victime unique. Il en est de même dans la transmission de la vie selon l'ordre naturel ; il n'y a qu'une vie, mais il y a deux participants qui font une action unique, la communication de la vie naturelle. Mais ce qui est en bas, dit l'axiome des sages, est comme ce qui est en haut.

Il suit de là que si Mgr Charles-Louis a fait selon la volonté expresse du ciel la consécration solennelle, à la tête de ses amis dévoués, au Sacré Cœur de Jésus, la loi logique qui doit présider à toutes les actions des Élus à la royauté l'oblige par un devoir sacré à faire aussi la consécration au Cœur immaculé de Marie, Mère des Douleurs, Mère de Dieu et notre Mère à nous tous qui vivons dans les lois de la chair et du sang.

Le Cœur divin de Jésus a été placé dans les armes de la Maison de France ; il le fallait, car par là elles prophétisent les voies des destinées où la France qui est le nouveau peuple de Dieu va entrer. Mais si l'action du Cœur du Fils et celui de la céleste Mère est indivisible, quoi qu'il n'y ait qu'un Médiateur unique par le sang, il s'ensuit que le Cœur de Jésus signifie aussi le Cœur de Marie.

Nous n'entendons pas soulever ici la question s'il conviendrait aussi de placer l'image du Cœur de Marie dans les armes. Il y a bien des cas où l'unité du symbole est aussi riche en signification qu'un autre nombre. Les trois fleurs de lys en disent autant que si on en représentait un grand nombre, car ici la trinité du symbole exprime autant où même plus que la multiplicité. De même pour ceux qui ont l'intelligence des symboles sacrés le Cœur dans les armes de la Maison de France signifie le Cœur de Jésus, et aussi celui de Marie et même celui de saint Joseph, car ce qui est trine est parfait, *quod est trinum est perfectum*. Mais ce qui est certain c'est que par l'unité du symbole du Cœur, sur les armes de la Maison de France, se trouve signifié le Cœur de Marie, par la loi d'indivisibilité qui unit ces Cœurs.

§ III. — Comment les grâces de cette consécration à accomplir seront unies aux bénédictions de celle du 10 février 1790, à Notre-Dame-de-Paris.

La doctrine des Prophètes de nos Livres saints est notre règle pour ce qui est du domaine religieux, parce que c'est selon cet enseignement que Dieu dirige l'humanité dans les desseins de ses miséricordes infinies. Pour ce qui est des faits c'est à l'histoire que nous demandons la lumière. Hélas ! il n'est pas plus facile de retrouver la vérité dans l'histoire que de connaître le sens divin des prophéties ou des écrits des Voyants.

Parmi les Apôtres du culte des Cœurs sacrés de Jésus et de Marie, l'histoire assigne comme le premier le vénérable Père Eudes. Mais avant tout il s'est appliqué à mettre en lumière l'union de ces deux Cœurs, et finalement c'est pour être l'Apôtre du Sacré Cœur de Marie, que le Père Eudes de sainte mémoire a été choisi par le ciel, comme le démontre un de ses pieux enfants. V. l'ouvrage : *Le Père Eudes, premier Apôtre du Sacré Cœur de Jésus et de Marie, par le P. Ange le Doré.*

La bienheureuse Marguerite Alacoque est par excellence l'Apôtre du Sacré Cœur de Jésus. « Pour établir ce culte si « pieux, si salutaire, si légitime, pour le répandre au loin parmi « les hommes, c'est Marguerite-Marie Alacoque que Notre Sei-« gneur a daigné choisir », selon le texte du décret de béatification. Dans le cœur de chair de Jésus, celle-ci contemple surtout la plaie béante ouverte par la lance du soldat romain ; c'est le mystère du sang qui arrête son œil de Voyante.

Le cœur en nous est double, et il y a comme deux cœurs en un ; tel est aussi au milieu de l'humanité régénérée le rôle des Cœurs du Fils et de sa Mère. Aussi il ne faut pas nous étonner si Madame Elisabeth avec les âmes que sa vertu attirait conçut le dessein de voir s'accomplir la consécration au Cœur de Marie immaculée, Mère des Douleurs. C'est à cette consécration qui eut lieu le 10 février 1790, et que firent le Roi, la Reine et les Princes, qu'il faut attribuer l'insuccès de la Constitution civile du clergé. Parmi les dangers que la foi en France a eu à traverser, il faut placer comme le plus grand celui de cette Constitution civile qui tendait à établir parmi nous une Eglise nationale.

C'est le dernier acte de salut que purent faire le Roi, la Reine et les membres de la Maison de France ; c'est cet acte fécond en bénédictions qui sauva l'unité de la foi parmi nous. Mgr Charles-Louis est invité par le ciel à s'unir à cette consécration, en faisant lui-même avec les siens, et à la tête des amis de sa cause, l'acte solennel de la consécration au Cœur immaculé de Marie, Mère des Douleurs.

C'est là où est la voie du salut ; par les mérites de cet acte la justice de Dieu fera cesser la méconnaissance des descendants de Louis XVII. Dieu le veut ainsi!

§ IV. — Les desseins de Dieu selon le plan de la Sagesse éternelle seront manifestés par les mérites de la consécration au Sacré Cœur de Marie.

Saint Paul nous dit : J'accomplis ce qui manque à la Passion du Christ, c'est-à-dire ce que Dieu a réservé pour satisfaire à sa justice. Il ne suffit donc pas qu'il y ait l'effusion du sang des martyrs, il faut y ajouter encore le prix et les mérites des souffrances et des douleurs supportées avec résignation. Quand on considère avec soin la conduite de Louis XVI, de Marie-Antoinette, de Madame Elisabeth à la prison du Temple, il est hors de doute que les pieuses victimes n'aient fait à Dieu l'offrande de leur sang et de leur vie. Mais le sang de ces martyrs ne suffisait pas à la justice de Dieu, et il a fallu accomplir ce qui manquait encore à cette passion. C'est par là que nous devons nous expliquer les souffrances, l'abandon, les délaissements, la méconnaissance, les angoisses et les douleurs de la vie de Louis XVII, qui est aussi un martyr pour sa race.

C'est là le grand mystère qui est renfermé dans l'union indivisible des Sacrés Cœurs de Jésus et de Marie ; et là aussi se trouve la raison de la nécessité d'ajouter à la consécration au Cœur divin de Jésus l'acte de consécration au Sacré Cœur de Marie. Si le sang de Louis XVI, Marie-Antoinette et Madame Elisabeth a été comme un baptême de purification pour la race royale, cela n'a pas suffi ; à cette purification, il a fallu unir la bénédiction des souffrances et de la vie de Louis XVII.

Ce qui avait valu à Henri V une véritable vénération, et l'admiration de tous, même des ennemis du principe monarchique, c'étaient les vertus et les nobles qualités qui le rendaient digne d'être roi. Aussi tous les Voyants le proclamaient comme le grand Monarque promis à la France. Il n'y avait qu'un petit nombre de sages qui entrevoyaient qu'il y avait en Dieu une réserve qui serait connue à l'heure voulue par la Sagesse éternelle. En attendant une sorte de répudiation continuait à peser sur la race de la Maison royale. Ainsi le mystère de ce qui manquait au sang des martyrs de la royauté s'accomplissait, et l'heure de Dieu sonnait enfin pour les bénis des Sacrés Cœurs de Jésus et de Marie.

O Élu pour être le grand Monarque, voici l'heure de Dieu. Nous qui sommes la voix de la vérité, parce que par les souffrances et les douleurs de notre vie nous avons mérité de pouvoir parler au nom du ciel, nous ne craignons pas de dire : la voie est ouverte par le Cœur de Celui qui est l'Éternel vainqueur ; c'est lui qui ouvre et personne ne pourra fermer ; c'est lui qui ferme et nul ne pourra ouvrir. Allez, vous de qui la très sainte Vierge Marie a dit à Boulleret : Voilà celui qui doit monter sur le trône ; par votre consécration au Sacré Cœur de Marie vos destinées s'accompliront.

CHAPITRE VI

§ **I. — De grands malheurs menacent l'ordre religieux et
la France, à cause de l'abomination de la désolation qui
est annoncée par la très sainte Vierge.**

La très sainte Vierge a dit, dans le secret de la Salette, publié
avec l'autorisation épiscopale : « On verra l'abomination dans
« les lieux saints. Dans les couvents les fleurs de l'Eglise seront
« putréfiées et le démon se rendra comme le roi des Cœurs. »
Et plus bas : « Dieu, dit l'auguste Reine des cieux, va vous livrer
« à son ennemi, parce que les lieux saints sont dans la corrup-
« tion ; beaucoup de couvents ne sont plus les maisons de Dieu,
« mais les pâturages d'Asmodée et des siens. » Il y a déjà bien
des années que ce mystère d'iniquité nous a été révélé et est à
notre connaissance, mais si l'autorité épiscopale ne l'avait pas
livré à la publicité la plus complète nous n'en aurions pas fait
mention : V. *L'Apparition de la très sainte Vierge sur la montagne de la Salette*, pages 22-25.

A Boulleret, la très sainte Vierge dit aussi : « Il — Dieu —
« veut épurer les couvents et le clergé renfermant un trop
« petit nombre de dignes serviteurs... Le temps de l'abomi-
« nation de la désolation et ténébreux est proche. Pauvre
« France ! pauvre Eglise ! pauvre clergé, pauvres religieux, reli-
« gieuses et laïques, les temps, les jours déplorables avancent
« à grands pas sur vos têtes. » Apparition du 7 août 1881.

Après cela il suffit de lire les chapitres VIII et IX du prophète
Ezéchiel, et l'intelligence de ce qui va advenir sera facile : « Il y
« aura une guerre qui sera épouvantable, dit le secret de la

« Salette, les méchants déploieront toute leur malice, on se tuera,
« on se massacrera mutuellement jusque dans les maisons. »

Dans l'apparition du 8 décembre 1883 à Boulleret, où la très
Sainte Vierge a désigné Mgr Charles-Louis comme l'Elu du ciel
pour être le grand Monarque, il a été fait une omission de mots
qu'il importe de citer, en attendant que tout ce qui a été dit par
la céleste Mère soit publié. L'archange saint Michel dans cette
apparition se tenait debout en arrière de l'Elu, et il dit ces
paroles : « Il règnera ; je le veux. » Tout cela est en parfait
accord avec les paroles des Voyants qui nous apprennent comment l'élu pour être le grand Monarque recevra la couronne.

D'après ces paroles et ce qu'elles annoncent Mgr Charles-
Louis peut voir la nécessité absolue où il se trouve de faire la
consécration au Sacré Cœur de Marie. Il doit monter sur les
ruines de Sion ; voilà ces ruines au-dessus desquelles il doit
s'élever, c'est-à-dire auxquelles il doit porter remède. Ne mettons pas en oubli que Dieu ne nous manifeste les décrets de
l'éternelle justice qu'en vue de nous faire provoquer sa miséricorde, afin que les maux et les malheurs annoncés soient adoucis et diminués par les prières des cœurs dévoués. C'est à
Mgr Charles-Louis, aux siens et aux amis de sa cause, qu'il
appartient de se mettre à la tête de cette croisade pacifique.

§ II. — Comment la céleste Reine des Cieux nous fait connaître l'ère des temps nouveaux, dans les Apparitions où elle se manifeste.

Avoir l'intelligence des temps, c'est pour les vivants sur la
terre le mystère le plus difficile à pénétrer. Parmi les anciens
prophètes, Daniel seul reçut par l'archange Gabriel la connaissance des semaines où le Messie promis à Abraham et à sa race
serait mis à mort. Pour les temps du règne de Dieu, saint Jean
seul aussi nous donne la clef de cette venue, dont l'époque était
sous la réserve de la puissance du divin Père.

Mais si les temps où les événements doivent s'accomplir sont
le plus profond des secrets de Dieu, il ne nous est pas impossible, à mesure que les temps s'approchent, de reconnaître les
signes qui nous attestent que nous allons en être les témoins.
Le plus grand des signes de la venue du règne de Dieu, c'est
l'abomination de la désolation qui doit être dans le sanctuaire ;
ce signe est sous nos yeux, il ne saurait être permis d'en douter.

En voici la preuve dans les paroles du secret de la {Salette, publié avec l'approbation épiscopale ; nous citons le texte :

« Les prêtres, ministres de mon fils, les prêtres, par leur mau-
« vaise vie, par leurs irrévérences et leur impiété à célébrer les
« saints mystères, par l'amour de l'argent, l'amour de l'honneur
« et des plaisirs, les prêtres sont devenus des cloaques d'impu-
« reté. Oui, les prêtres demandent vengeance, et la vengeance,
« est suspendue sur leurs têtes... Les péchés des personnes con-
« sacrées à Dieu crient vers le Ciel et appellent la vengeance,
« et voilà que la vengeance est à leurs portes ». Voir le reste
au texte ; c'est assez pour nous.

Qui donc pouvait se permettre de révéler ainsi le grand signe que le règne de Dieu va advenir, et par une loi logique le règne du grand Monarque ? Dans l'Eglise aucun homme constitué en dignité, pas même le Pasteur suprême, ne pouvait faire connaître au monde ce mystère d'iniquité, car la loi de la prudence ne veut pas qu'on manifeste les fautes des siens. Si un homme hors de l'Eglise eut parlé, il n'aurait pas été reconnu comme digne de foi, et sa parole eut été sans effet.

Il fallait donc que ce fut la Mère de Dieu, la céleste Reine des anges, notre Mère enfin, qui vint au milieu de ses larmes et sous le poids des douleurs de son Cœur transpercé de sept glaives, pour nous dire: Voilà l'iniquité dans le sanctuaire, dans les lieux saints, jusqu'à l'autel où le sang de la divine Victime est offerte ; le règne de Dieu va donc advenir. Telle est, ô Elu pour être le grand Monarque, la base de vos légitimes espérances ; écoutez ce que dit à la terre l'auguste Reine des cieux, et vous verrez que le cycle des temps annoncés par les prophètes est fini. Vous êtes près de vous asseoir sur le trône ; c'est aussi certain qu'est véritable le mystère d'iniquité dans le sanctuaire.

§ III. — Le règne de Dieu promis par les prophètes et le règne du grand Monarque sont pour les temps où nous sommes, selon les paroles de l'auguste Reine des Cieux.

Après sa résurrection le divin Sauveur voulut bien rester sur la terre, et dans sa nouvelle vie de ressuscité, il s'entretint pendant quarante jours avec ses Apôtres du royaume de Dieu, selon saint Luc. Mais les temps et les moments de ce règne de Dieu promis par tous les prophètes étaient mis sous la réserve de la puissance du divin Père. Il n'y a donc pas lieu de s'étonner si tous les Pères apostoliques des trois premiers siècles nous parlent du règne de Dieu, comme d'un fait dogmatique et d'un objet qui est du domaine de la foi chrétienne.

Mais ce que nos Pères ont cru, ce qu'ils ont attendu comme annoncé par les prophètes, et ce que les témoins apostoliques nous attestent avoir été appris de la bouche du Sauveur, par saint Jean et les Apôtres, voici que nous allons en voir l'accomplissement. Le règne du grand Monarque affirmé par tant de Voyants sur toute la terre et depuis des siècles, et le règne de Dieu annoncé dans tant de pages de nos Livres saints, ne peuvent pas être séparés ; admettre l'un, c'est accepter l'autre, si on ne veut pas s'exposer à violer la loi logique et rationnelle, qui doit être le guide de tout homme en ce monde.

Aussi dans les apparitions à Boulleret, où la très sainte Vierge vient couronner l'œuvre qu'elle a eu en vue dans toutes les autres apparitions, il convient de noter avec soin les paroles que nous allons citer et dont l'authenticité est certaine. « A partir du jour, dit l'auguste Vierge Marie, où je me suis « dite l'Immaculée Conception, lorsque sept années seront « accomplies, les visions seront sur le point de s'accomplir. » C'est le 8 décembre 1877 que la Reine des cieux s'est nommée l'Immaculée Conception, comme elle s'était dite à Lourdes : dès lors les sept années qui devaient s'écouler prennent fin le 8 décembre 1884. Dès cette date les visions seront donc sur le point de s'accomplir. Tel est le texte et le sens des paroles que nous avons entendues à Boulleret.

Par une conséquence rigoureuse, Mgr Charles-Louis, de qui la Reine des cieux a dit : Voilà celui qui doit monter sur le trône, doit se tenir prêt à voir s'accomplir les desseins de la Sagesse éternelle. Mais saurait-il mieux se préparer à atteindre au but de sa destinée, que par une consécration au Sacré Cœur de Marie ? Le royaume de France est le royaume de Marie, *regnum Galliæ, regnum Mariæ* ; c'est là ce que l'Élu pour être le grand Monarque doit attester à la face du ciel et de la terre.

§ IV. — La consécration au Sacré Cœur de Marie assure le succès et le triomphe à l'Élu pour être le grand Monarque.

Le règne de Dieu ne saurait advenir que par le règne de Marie ; c'est ce que nous affirme dans ses immortels écrits le vénérable

Grignon de Montfort, et c'est aussi ce que nous enseignent tous les grands serviteurs de Dieu de ces derniers temps, que l'Eglise va élever aux honneurs du culte sur nos autels. Il ne saurait en être autrement, car la céleste Mère a toujours précédé son divin Fils, et elle le précède dans le règne de Dieu par toutes ces apparitions, où elle nous révèle les desseins du ciel et la situation où nous sommes.

A ces titres il nous sera permis de citer ici les paroles d'un sublime Voyant, il nous dit. « Marie vient des régions éthérées ; « elle vient l'étendard de son droit déployé. Elle vient accompa- « gnée de ceux qui ont souffert pour la vérité, qui ont vécu « dans un saint et actif dévouement, qui sont morts pour le « droit, la justice et la liberté. Elle vient avec ses fils vêtus de « la toge royale de leur protestation et de leur martyre ». Oh ! nous vous saluons, ô Marie, et nous vous bénissons, car après Dieu, qui est comme vous !

Moïse, le législateur-prophète, nous dit au commencement de ses livres divinement inspirés : La postérité de la Femme t'écrasera la tête » à toi qui est l'ennemi de la race humaine. Et saint Jean, le grand aigle de l'Extase, s'écrie : « Il parut aussi un « grand signe dans le ciel, une Femme revêtue du soleil, qui « avait la lune sous ses pieds, et sur la tête une couronne de douze « étoiles » Apoc. XII. I. Voilà l'auguste Vierge Marie dans la gloire de sa puissance, qui nous assure la venue du règne de Dieu, et par là même le règne du grand Monarque.

O Elu de la race royale, saluez la grande Reine des cieux qui vous prendra par la main, la Femme qui fera accomplir les décrets de Dieu concernant les destinées qui reposent sur votre tête, et celles de la Femme qui va être le nouveau peuple de Dieu. Ne pas se placer sous l'égide du manteau royal de cette Souveraine, ce serait se vouer à l'insuccès de la mort, quasi se répudier soi-même et fuir la vie. Vous voulez que les desseins de la Sagesse éternelle soient accomplis, allez donc à Marie. Faites la consécration à son Cœur sacré ; le ciel le veut et la terre l'exige et l'ordonne. Tous les amis de votre cause sacrée s'uniront à vous aux pieds des saints autels, et vous verrez le triomphe, car vous serez comme Jacob le grand Béni de Dieu, en qui la France et toute la terre verront Celui qu'ont annoncé les prophètes et les Voyants à travers la longue série des siècles.

CHAPITRE VII

—

§ I.—**Comment le suprême Pasteur de l'Eglise doit quitter
la terre, comme Henri V l'a fait pour mettre en lumière la réserve du plan de Dieu.**

Nous voici au dernier chapitre de notre exposé, nous devons
donc révéler le plus profond et le plus capital des mystères des
desseins de Dieu, pour l'ère du temps qui s'ouvre. Mais c'est
d'après les textes sacrés de nos Livres saints, et aux clartés de
cette lumière, que nous voulons manifester les secrets de la
Sagesse éternelle. Saint Jean, le bien-aimé du divin Cœur de
Jésus, celui qui, à la sainte Cène, penché sur sa poitrine, a lu
les décrets concernant les siècles à venir, sera notre guide et
notre maître.

Le divin Sauveur vient d'investir Pierre du suprême Pontificat; après lui avoir dit trois fois : M'aimes-tu? Jésus dit: Pais
mes agneaux, pais mes brebis. « Saint Pierre, nous dit le texte
« sacré, s'étant tourné, vit venir après lui le disciple que Jésus
« aimait, celui qui pendant la Cène était penché our son seln.
« Pierre l'ayant vu dit à Jésus : Et celui-ci ? Jésus lui dit : Si je
« veux qu'il demeure jusqu'à ce que je vienne. » S. Jean XXI,
20, 21, 22.

Si nous rapprochons ces paroles qui renferment un si grand
mystère concernant le suprême Pontificat, et celles où l'ange qui
a donné à manger le Livre du mystère du sang, dit à Jean, Apoc.
X, 11: « Il faut que tu enseignes de nouveau, touchant plusieurs
« peuples, nations et hommes de diverses langues et touchant

« plusieurs rois, » il sera facile à ceux qui ont l'intelligence des choses de Dieu de voir ce qui va s'accomplir.

C'est un fait connu de tous que Pie IX a vu bien au-delà des années de Pierre, mais c'était par le sacrifice de la vie offerte à Dieu par de saintes âmes que la terre a obtenu cette grâce. Léon XIII, successeur de Pie IX, n'est pas destiné, nous dit le secret de la Salette, à voir le triomphe de l'Église. A Boulleret, la Voyante qui a vu le sacre de l'Élu du ciel pour être le grand Monarque, dit aussi : Je n'ai pas reconnu Léon XIII dans le consécrateur. Si on rapproche ces textes de ceux-ci : L'Église sera éclipsée ; le monde sera dans la consternation, et les paroles du grand Voyant de Prémol : « L'arche sainte disparaît », ce qui signifie, l'Église sera privée de son Pasteur suprême, il devient facile d'entendre le grand Mystère de Dieu.

Henri V a été grand, quand après avoir connu la réserve de Dieu, il a compris qu'il n'était pas le grand Monarque, et qu'il s'est offert à Dieu en sacrifice ; il le fallait et il a consenti avec joie, c'est pour cela qu'il est élevé en gloire devant Dieu. Il en sera ainsi pour le grand Pontife Léon XIII ; à l'heure de Dieu il comprendra le grand mystère des paroles de saint Jean ci-dessus citées, et il dira à Dieu : Que votre volonté soit faite, que vos desseins d'amour et de miséricorde s'accomplissent. Me voici ; que je vous sois, ô mon Dieu, une victime de suave odeur ; et quittant la terre il montera au plus haut des cieux. Alors le grand Monarque, la France et les nations de la terre verront s'accomplir les grands desseins de Dieu.

§ II. — C'est près de Lyon que la couronne sera remise au nom du ciel à l'Élu pour être le grand Monarque, aux acclamations de tous et en présence des nations en armes.

Près de la cité lyonnaise, la vieille capitale de la Gaule celtique, qui a le privilège d'être la ville de Marie, il y a une plaine immense que les Voyants ont souvent désignée depuis plus de huit siècles. A mesure que les temps du règne de Dieu étaient plus proches, ceux qui étaient éclairés de la lumière d'en haut ont parlé avec une plus grande clarté des faits qui doivent s'accomplir en ces lieux. C'est là, disent-ils, où se décideront les destinées de la France et du monde.

Dans cette plaine désignée par son nom, il y a vers l'est un

mont béni ; c'est là où le grand archange saint Michel qui a dit
à Boulleret : Il règnera ; je le veux, doit apparaître comme Prince
des armées célestes, avec un éclat que la terre n'a encore jamais
vu. Les faits du Sinaï pâliront en face de cette solennelle manifestation. Louis XVII, nous dit le grand Voyant qui lit à livre
ouvert les décrets de Dieu, sera là tenant en ses mains l'étendard sacré du grand Archange des cieux. Et c'est en ce lieu que
le grand Monarque recevra sa couronne au nom du ciel, aux
acclamations de tous, en présence des nations en armes et à
genoux.

Nous avons souvent entendu dire comment il pourrait être
facile d'admettre la venue du grand Monarque en France. Est-ce
qu'il n'est pas visible, dit-on, que la masse de la nation est atta-
chée au principe de la souveraineté nationale et au gouverne-
ment du pays par le pays. Certes tout cela est bien facile à
voir. Mais en quoi y aurait-il là un obstacle à l'accomplissement des desseins de Dieu ? Au temps de l'Empire, lorsque nous
parlions de la chute inévitable selon les décrets de Dieu de
Napoléon III, on nous opposait le nombre des agents intéressés
à le défendre. Oh ! disions-nous, tout cela ne servira de rien ;
l'histoire est là pour attester ce qui a eu lieu.

O Élu pour être le grand Monarque, ne mettez pas votre confiance dans les hommes, mais placez votre confiance dans l'in-
tervention du grand Archange, prince des armées célestes, qui
vous est promise. A Boulleret, saint Michel a dit : Il règnera ; je
le veux. Près de Lyon, sur le mont béni, où nous avons prié
bien des fois depuis des années, avec des cœurs dévoués à la
cause de Dieu, la couronne que le ciel vous destine vous sera
remise, et Louis XVII, votre père, sera là tenant en main l'ori-
flamme du grand Archange. N'attendez rien des hommes ; attendez tout du ciel ; faites la consécration de votre personne, de
votre famille et du royaume au Cœur de Marie, l'Immaculée
Conception, la Mère des Douleurs ; vous verrez si les décrets de
Dieu sont véritables.

**§ III. Dans le prodige aérien de Vienne (Isère) le cou-
ronnement de l'Élu pour être le grand Monarque a été
montré, selon le mystère où il doit s'accomplir.**

Dans le dessein de compléter tout ce qui se rapporte à la
nécessité de la consécration au Sacré Cœur de Marie, il nous

sera permis de citer le récit du tableau du Prodige aérien de Vienne (Isère), qui eut lieu le 3 mai 1848. Il est là question du triomphe par Marie de l'Elu pour être le grand Monarque et des circonstances de son couronnement, dans un temps qui n'est plus éloigné. Nous citons fidèlement le texte qui a été publié en divers ouvrages. Voy. *Liber mirabilis, par Adrien Péladan, page 52.*

« Après ce tableau, on vit une grande Dame sortir de la ville « apparente ou château blanc. Elle était vêtue d'un manteau « blanc, qui ne saurait être comparé qu'au manteau de la statue « de Notre-Dame de Fourvière. Elle était aussi couronnée et « sa couronne ressemblait aussi à celle qui couvre la tête de la « même Madone. Elle tenait en sa main une autre couronne « qui paraissait sortir d'uue ouverture faite sur le devant du « manteau. Cette Dame est venue déposer cette couronne sur la « tête du lion blanc. »

« On remarqua aussi qu'au sommet de la tour qui dominait « la ville blanche flottaient deux drapeaux dont l'étoffe s'agitait « vivement. Ces deux derniers drapeaux étaient également « blancs... Aussitôt que le lion a été couronné, le cavalier, « jusque-là immobile, est venu sur le lion ». Oh ! que d'admirables vérités sont exprimées sous ces énigmes mystérieuses de ville blanche, du lion couronné et du cavalier qui vient sur le lion; Mgr Charles-Louis aura facilement l'intelligence de ce mystère.

Nous omettons un autre alinéa quoiqu'il soit de la plus haute importance, et nous citons encore ceci. « Sur l'écharpe blanche « et verte qui soutenait le lion blanc, l'on a vu deux person- « nages se donnant le bras s'avançant vers le nuage noir. Ils « étaient couverts de manteaux éclatants d'or, et avaient sur la « tête des diadèmes dentelés par le haut dans toute la circonfé- « rence ». Il y a là un grand secret des desseins de Dieu, mais la loi de la prudence ne nous permet pas de l'exposer ici.

O Élu pour être le grand Monarque, soyez sans réserve au Cœur divin de Jésus et allez au mystère du Sang que le Cœur avait gardé en réserve après sa mort, par la voie du Cœur sacré de Marie. Alors soyez sans crainte, le ciel et la terre passeront, mais les Décrets de Dieu seront accomplis, car rien n'est impossible à Celui qui comme Créateur est investi de la suprême souveraineté.

§ IV. — Demande aux anges des Cieux de bénir nos lecteurs, et que la volonté de Dieu soit faite par le grand Monarque, par la consécration au Cœur sacré de Marie.

O Marie, Reine des anges, qu'il nous est permis à nous qui vivons sur la terre de nommer notre Mère, nous avons exposé la nécessité de la consécration solennelle de la France à votre Cœur sacré et immaculé, par l'Elu du ciel, Mgr Charles-Louis, avec les siens et à la tête de ses amis dévoués ; mais pourquoi n'avons nous pas su trouver des accents plus éloquents pour une si grande cause ? Ardents séraphins qui environnez le trône de la Reine des cieux, si vous n'avez pas touché notre plume de ce feu sacré qui ne se trouve que sur l'autel devant le Dieu des dieux, vous suppléerez du moins à ce qui fait défaut à cette œuvre ; la grâce que vous ferez descendre des collines éternelles, la lumière dont vous illuminerez les lecteurs, feront mieux que nos paroles pour gagner les cœurs à cet acte sacré.

Mais au moment où ces lignes sont écrites un souvenir ne quitte plus notre mémoire. Les paroles d'un grand Voyant retentissent à nos oreilles ; c'est l'auguste Marie qui parle, elle dit : « Oui si Judas fut venu au pied de cette croix, sur cette « montagne où mes yeux desséchés ne pouvaient plus pleurer, « j'eusse trouvé du sang pour remplacer mes larmes, j'aurai fiui « mes sanglots pour crier encore : O mon Fils, pardonne lui. »

O Chef de la Maison de France, vous savez par l'histoire ce qu'ont souffert dans la prison du Temple, et longtemps avant ces jours de deuil, Louis XVI, Marie-Antoinette, Madame Elisabeth, et comment un fer homicide a tranché leur tête. Vous avez vu votre Père, descendant de tant de rois, méconnu, délaissé, livré à toutes les angoisses et à toutes les douleurs, pendant sa vie toute entière. Vous-même, et les vôtres comme vous, vous avez souffert, dans de longues années d'exil, des privations de toute sorte ; mais faites comme Marie nous a donné l'exemple, sachez être roi de pardon et de miséricorde pour être le grand Monarque de tous les partis en France.

Soyez héritier des sentiments de Jésus-Christ ; revêtez vous des entrailles de la céleste Reine des cieux ; soyez roi d'amour, roi de justice, roi de sagesse, de clémence et de sainte liberté. Que par vous nul ne connaisse jamais le chemin de l'exil, et que personne n'éprouve les rigueurs de la persécution. A la

Révolution votre race a été méconnue dans tous les sentiments du cœur ; mais l'heure de la réconciliation va sonner, nous le crions ici au nom de Dieu.

Tous les biens du ciel, tous les dons, toutes les bénédictions d'un triomphe certain, reposeront sur votre tête, par la consécration solennelle au Sacré Cœur de Marie, de votre personne, de votre famille et du royaume ; allez donc, et que la volonté de Dieu soit faite.

15,508. — Imp. WALTENER et C°, rue Bellecordière, 14. — Lyon.